教師のための携帯ブックス❻

思いっきり笑える
爆笑クラスの作り方12ヵ月

中村健一編著

黎明書房

はじめに

　チャラーン。日本全国3億人の中村健一ファンのみなさん，お待たせしました！　中村の「お笑い」シリーズ第2弾です。

　みなさまのお陰で『子どもも先生も思いっきり笑える73のネタ大放出！』（黎明書房）の売れ行きは，絶好調！
　その続編となるのが，本書『思いっきり笑える爆笑クラスの作り方12ヵ月』です。

　本書は，全国から集結した私のお気に入りの若手10人と一緒に作りました。メンバーの勤務地は，東は千葉から，西は福岡まで。中途半端な感じがとってもお気に入りです。

　『73のネタ大放出！』と同様に，子どもたちも，そして，先生たちも笑顔になるような楽しいネタを集めました。
　これらのネタを試し，子どもたちと笑っていただければ，嬉しいです。

　ただ，本書を読んでくださる方，特に若手の先生に1つだけ注意書きをします。

　私，中村健一は，子どもたちに当たり前のことを当たり前

にさせる教師です。厳しい教師と言えるでしょう。それは，本書に執筆してくれた若手10人も同じです。

　例えば，掃除。私のクラスの子どもたちは，一生懸命掃除をします。もちろん，おしゃべりなんてする子はいません。
　まじめにしない子がいたら，……もちろん，叱りますね。さらに厳しく，掃除をさせないこともあります。

　私のクラスの子どもたちは，大きな声で自分から挨拶をします。給食の準備は10分以内に完了。残菜も「0」です。
　当たり前のことは，当たり前にさせる。実は難しいことなのですが，厳しく徹底させています。

　しかし，今どきの子どもたちは，厳しいだけではうまくいきません。厳しいだけの指導では，子どもたちの反感を買い，離れていってしまう可能性も高いでしょう。

　そこで，「お笑い」です。厳しい指導にちょっとしたユーモアを組み合わせることが，今どきの子どもたちには有効なのだと考えています。
　片手に厳しさを，片手にユーモアを！
　「厳しさ」と「お笑い」，この両方が備わってこそ，安定した学級経営ができるのです。

私が尊敬する野中信行氏は、「縦糸・横糸論」を提唱されています。

　「縦糸」は、教師と子どもの縦のつながりです。きちんとしたルールを作り、それに従わせる。当たり前のことは当たり前にさせる。これは、とっても大事なことです。

　「横糸」は、教師と子どもの横のつながりです。教師が子どもと個別に「2人だけの物語」を作ることが大切です。また、教室をのびのびとした雰囲気の「安心感」のある場所にすることも「横糸」の役割です。

　この「縦糸」「横糸」両方が上手に張れて、初めて安定した学級経営が成り立つのだと思います。

　本書で紹介しているユニークな取り組みで、教室に「安心感」を生み出すことができると確信しています。本書は、野中氏の言う「横糸」を張る方法の1つなのです。

　本書を使って「横糸」を張りましょう！　ただし、「縦糸」を張ることも忘れずに！

　最後になりましたが、黎明書房の村上絢子氏に感謝します。村上氏の丁寧なご指導のお陰で、本書も大満足の仕上がりになりました。ありがとうございました。
　　2009年11月1日
　　　　　　　　　　　　　　　編著者　中村　健一

もくじ

はじめに 1

4月 学級開き, 健康診断, 給食開始, 学年開き

学級開き① ええじゃないか 10
学級開き② 先生の記者会見 11
学級開き③ 全てを全力でやろう！ 12
学級開き④ 先生には3つの顔があるのです 13
学級開き⑤ 最初の宿題は「先生に質問！ 作文」で 14
健康診断 笑うな！ 15
給食開始① 初めての給食指導はマスクに落書き 16
給食開始② もぐ太郎 17
学年開き 君たち5年生は「学校の首(くび)」だ！ 18

5月 初めての参観日, 低学年下校指導, 家庭訪問, 遠足, 図書室の使い方指導

初めての参観日 初めての参観日には「先生の父と母」 20
低学年下校指導 汽車ぽっぽで楽しく下校 21
家庭訪問 担任の「自分新聞」で自己紹介 22
遠足① 巨大てるてる坊主 23
遠足② 泥棒タオル 24

遠足③ 到着時刻予想ゲーム 25
図書室の使い方指導 本を探せ！ バトル 26

6月 プール，教育実習

プール① 水よ！ 出てきてくだされ！ 28
プール② プールの中 DE 準備運動 29
プール③ プールで忍者修業 30
プール④ 頭を使う準備運動 31
プール⑤ 着衣水泳「服の早脱ぎできるかな？」 32
教育実習① 教育実習生にむちゃぶり 33
教育実習② 1人だけ紹介しない 34

7月, 8月 自然教室（林間学校・臨海学校），個人懇談会，水泳記録会

自然教室（林間学校・臨海学校）① 寝ない子には子守唄を 36
自然教室（林間学校・臨海学校）② あさだー！ 37
自然教室（林間学校・臨海学校）③ 「おはよう！うんちした？」 38
自然教室（林間学校・臨海学校）④ グーパーで集中 39
自然教室（林間学校・臨海学校）⑤ 鳴き声コンテスト 40
自然教室（林間学校・臨海学校）⑥
　　　　　　　　まとめは5・7・5川柳トークで 41
個人懇談会① 待ち時間は子どもの「写真鑑賞会」 42

個人懇談会② 「○○さんにだけ、2枚プレゼントします」 43
水泳記録会 学校大応援団 44

9月 2学期スタート，運動会，行事後の指導，お楽しみ会

2学期スタート① 「先生は君たちを愛してる！」 46
2学期スタート② 「ウソこいピンポン」で夏休みの報告会 47
運動会① 運動会前はやたらと赤対白 48
運動会② 応援団「鉢巻き君！ 君は相棒だ！
　　　　　　－鉢巻きに名前をつけよう－」 49
運動会③ 団体競技の前にインタビュー 50
行事後の指導 君たちはスリッパです 51
お楽しみ会 H－1（変顔）グランプリ 52

10月 社会見学，修学旅行

社会見学① バスで挨拶いろいろ 54
社会見学② しりとり応援団 55
社会見学③ 帰りのバスで見学クイズ 56
修学旅行① 見学先でオリエンテーリング 57
修学旅行② 記念写真　3つのチェック 58
修学旅行③ 写真撮影は，「はい，ウイスキー」で 59
修学旅行④ お風呂で背中を流す 60

11月 音楽祭, 学習発表会, 学芸会

音楽祭① たこやきを作って歌おう! 62
音楽祭② 指揮者を見てみんなでにっこり 63
音楽祭③ 復活の呪文 64
学習発表会 ○−1グランプリ 65
学芸会① セリフを言って教室に入る 66
学芸会② 見せろ! 役者魂 ❶ 67
学芸会③ 見せろ! 役者魂 ❷ 68

12月 持久走大会, ストーブ使い始め, 担任の誕生日, クリスマス会, 学級懇談会

持久走大会① 校長先生ハンコくださいマラソン 70
持久走大会② 先生はアイドル!? 71
ストーブ使い始め ストーブスイッチ点火式典 72
担任の誕生日 お祝いしてよ誕生日 73
クリスマス会 クリスマス会では, サンタになる 74
学級懇談会① ラッキーおみくじ 75
学級懇談会② 名札にメッセージ 76

1月, 2月　3学期スタート, 出張, 節分, お楽しみ会

3学期スタート①　おみくじ作文　78
3学期スタート②　年賀状抽選会　79
出張①　出張中は「教室の上」から見守る　80
出張②　似顔絵メッセージ　81
節分①　節分にはオニのお面で登場　82
節分②　豆つまみ大会　83
お楽しみ会　ハンカチ折り紙大会　84

3月　6年生を送る会, 学年納め, 卒業式

6年生を送る会①　1年生と6年生を比べる　86
6年生を送る会②　プロレス風に6年生入場　87
6年生を送る会③　ロクネンコール　88
学年納め　学年納めは「学校の首(くび)」コールで　89
卒業式①　在校生, 起立！　90
卒業式②　○○さんからの手紙　91
卒業式③　赤ちゃん当てクイズ大会　92

4月

学級開き
健康診断
給食開始
学年開き

「新しいクラスはどんなクラスかな？」
「新しい先生はどんな先生かな？」
子どもたちは不安に思っているもの。
いろいろな楽しい仕掛けで
「新しいクラスは楽しい！」
「新しい先生はおもしろい！」
と子どもたちに思わせちゃいましょう。

4月

学級開き① ええじゃないか

先生が「自己紹介をしよう」などと言った時，乗り気でない子が「えーっ！」と否定的な声を出すことがあります。そんな時，「ええじゃないか」と言えば笑いが起き，雰囲気が悪くなりません。

すすめ方

① 教師の「自己紹介しよう」などの発言に対して，子どもが「えーっ！」と否定的な反応をした時。教師は厳しめの口調と表情で「そのような反応はやめてください。やる気になっている子の気持ちがくじかれるからです」と言う。

② 続けて教師は，「ただし，思わず『えーっ！』と言ってしまった時，『えーっ！……じゃないか，ええじゃないか』と言ったらOKにします」と言う。

③ やんちゃな子を中心に「ええじゃないか，ええじゃないか」と盛り上がる。

(安東)

4月

学級開き② 先生の記者会見

> 学級開きでの先生の自己紹介。記者会見風にすると盛り上がり，子どもたちは意欲的に質問します。

すすめ方

① 司会の子どもを1人決める。司会は「みなさま，この度はお忙しい中お集まりいただきありがとうございます。まずは担任の松下先生より挨拶があります」と台本を読む。

② 教師は，懇談会で行うような丁寧な挨拶をする。最初に「長い一礼」をすると，本物の記者会見のような雰囲気になる。

③ 司会の子どもが「質問のある方はご自分の名前を言ってから質問を始めてください。それではそちらの方，どうぞ」と言う。架空の会社名を言うとさらに盛り上がる。

④ 答えづらい質問には「プライベートな質問ですので，ノーコメントでお願いします」と言うと，異常に盛り上がる。

⑤ 記者会見の時のカメラマン役や，退場する時の警備員役を決めると，さらに笑いが起こる。

(松下)

4月

学級開き③ 全てを全力でやろう！

> 学級開きで「全てを全力でやろう！」と約束します。おもしろい合い言葉を決めておくと，どんなに難しいことも，笑顔で全力でできるようになります。

すすめ方

① 学級開きで，教師は「全てを全力でやって最高のクラスを作ろう！」と宣言する。超まじめに語るのがポイント。

② 教師は「合い言葉をみんなで言いましょう。授業は？」と言い，子どもたちに「全力っ！」と言わせる。

③ 次に「学校は授業だけじゃない。遊びも？」と言い，子どもたちに「全力っ！」と言わせる。「給食も？」「全力っ！」などと学校で日々行っていることをどんどん言っていく。

④ 最後に教師が小さい声で，「うんこも？」と聞く。子どもたちは，大爆笑しながら「全力っ！」と答える。

⑤ 最初は何事にも全力で取り組む意識づけとして，中だるみの時期は締め直しとしても大変有効。オチが分かっているので何度やっても「来るゾ来るゾ」と盛り上がる。

(松森)

4月

学級開き④ 先生には3つの顔があるのです

人の気持ちを察することが苦手な子が増えています。そこで，学級開きの時に，子どもたちに「3つの顔」を描いた画用紙を見せ，その顔の時の先生の気持ちを話します。すると，先生の気持ちが分かりやすく伝わります。

すすめ方

① 教師は怒った顔，泣いた顔，笑った顔を画用紙で作る。

② 学級開きの時，教師は子どもたちに「3つの顔」を見せる。そして，それぞれの顔の時の教師の気持ちを伝える。

③ 全員で怒った顔，泣いた顔，笑った顔を練習する。その時に「おっ，そのニヤニヤ顔最高」などと声をかける。

④ 例えば，教師の話を聞かず，よそ見をしている子がいた場合。その子に近づき，画用紙で作った怒った顔を見せる。優しく「先生は窓の外にはいないんだけどな」と注意するだけでも，教師の怒った気持ちが伝わり，子どもはよそ見をやめる。

(志満津)

4月

学級開き⑤ 最初の宿題は
「先生に質問！ 作文」で

> 子どもたちは，新しい先生に興味津々。そこで，最初の宿題は「先生に質問！ 作文」にします。その質問に答えれば，それがそのまま先生の自己紹介になります。

すすめ方

① 最初の日の宿題に「先生に質問！ 作文」を出す。
② 「先生に質問が3つあります。1つ目，〜〜。2つ目，〜〜。3つ目，〜〜。教えてください。お願いします」という形で書かせる。
③ ナンバリングの技術，三部構成で書く技術を教えることができる。
④ 子どもたちの作文を学級通信でバンバン紹介する。その質問に対する答えも載せる。それがそのまま教師の自己紹介になる。
※上條晴夫著『だれでも書ける作文ワークシート＜小学校低学年＞』（学事出版）の中の「質問づくり」がネタ元。新年度最初の宿題にする形にした。

（中村）

4月

健康診断　笑うな！

> 身体測定を静かに行うためのネタです。子どもたちはわざと笑わせようとする先生の誘いに耐え，声を出さないで廊下を歩く練習をします。

すすめ方

① 教師は「これから出席番号順に並んで，自分たちだけでフロアを一周します。その間一言も話をしてはいけません」と厳しい口調で言う。

② 教師の厳しい口調を察し，緊張感を持って歩く子どもたちの前に，教師が扮装グッズをつけて物陰から現れる。すると，思わず声を出してしまう子がいる。

③ 教室に戻り，教師は「今，廊下で声を出してしまった人いますか？」と尋ねる。子どもは「だって先生が笑わせるから」と言う。すかさず「先生の誘いにも乗らず，どんな時も我慢できるように自分を鍛えてください」と伝える。

④ その結果，本番の身体測定は，落ち着いて受けることができる。

(松下)

4月

給食開始① 初めての給食指導はマスクに落書き

　初めての給食指導の時，先生は猫や犬の鼻とひげと口を描いたマスクをつけます。すると，子どもたちは自分のマスクにも描いてほしくてマスクを持ってくるようになります。これでマスク忘れが激減します。

すすめ方

① 教師は，猫や犬の鼻とひげと口を描いたマスクを用意し，給食指導中につける。

② 子どもたちから「何そのマスク〜」と笑いが起こるが，教師はまじめな顔をして，「どうしたニャン(ワン)」と切り返す。

③ 子どもたちは「先生。このマスクにも絵を描いて〜」と自分のマスクを持ってくるようになる。

④ また，子どもたちは絵の描かれたマスクを自慢げにつけるようになり，マスク忘れが減少する。

※新潟県の赤坂真二氏の実践を参考にした。　　　　（志満津）

4月

給食開始② もぐ太郎

> 給食指導に，もぐらのぬいぐるみを使います。もぐらのぬいぐるみを使って指導することで，子どもたちは給食の時間の過ごし方を自ら考えるようになります。

すすめ方

① 教師は，給食指導の際，「今日から給食の時間，みんなを見守る新しい仲間がいます」と言う。

② 教師は「みんながよくかんでしっかり食べられるように……（少し間をあけて），もぐらのもぐ太郎です！」と言って，もぐらのぬいぐるみを勢いよく出す。もぐらのぬいぐるみの登場にクラスの雰囲気は明るくなる。

③ 教師は「いつでももぐ太郎はみんなの様子を見ているからね」と伝える。

④ マナー違反の子どもには「今の状態をもぐ太郎はどう思っていますか？」と聞く。教師からの一方的な説教ではなく，子どもはもぐ太郎の立場に立って自分の行為を振り返ることができる。

※上條晴夫氏が提唱するキャラクタートークの手法を使った。

(松下)

4月

学年開き

君たち5年生は「学校の首(くび)」だ！

> 新年度最初の学年集会で，子どもたちを体の一部に例えます。学校を支えるのは「学校の顔」である6年生だけでなく，全ての学年が重要であることを伝え，一年間のやる気を高めます。

すすめ方

① 最初の学年集会で，教師は「君たち5年生は『学校の首』だ」と断言する。
② 「首？」とざわめく子どもたちに，なぜ5年生が学校の首なのかを考えるように指示する。
③ 教師は，体の中の首の役割について熱弁し，5年生が学校で重大な役割を担っていることを認識させる。
④ 最後に「顔の下にあるのは〜？」「くび！」「この学校を支えている5年生は，学校の〜？」「くび！」と全員で首コールをすると盛り上がる。
⑤ 4年生は体，3年生は腰，2年生は足に例える。　　（西原）

初めての参観日
低学年下校指導
家庭訪問
遠足
図書室の使い方指導

5月

クラスがスタートして1ヵ月。
それでも,
まだまだ初めてのことが続きます。
子どもも先生も笑いながら,
楽しいクラスを
作っていきたいですね。

5月 初めての参観日

初めての参観日には「先生の父と母」

> 初めての参観日,先生は子どもたちに「先生のお父さんとお母さんも来ているよ」と言い,顔を描いた指を見せます。すると,緊張した子どもも笑顔になります。

すすめ方

① 教師は親指と人差し指に,目や口など簡単な顔を描く。

② 授業の前に,教師は「今日はお家の方が来てくれて嬉しいですね。実は先生の家族も来ています」と言う。すると,子どもたちは「えっ? どこどこ?」と反応する。

③ 教師は「先生の父です」と言って親指を見せ,「母です」と言って人差し指を見せる。そして,「初めまして」と2本の指を曲げる。

④ 子どもたちは,「先生の父と母」の思わぬ登場に緊張が和らぎ,笑顔になる。

⑤ 指の代わりに,目玉の親父やウルトラの父,バカボンのパパなどの人形を教室に置いてもおもしろい。

※新潟県の赤坂真二氏の実践を参考にした。　　　　　(志満津)

5月

低学年下校指導

汽車ぽっぽで楽しく下校

年度初め，先生が地域ごとに分担して一年生を下校させることがあります。電車ごっこをしながら下校することで，下校のルールを楽しく確認することができます。

すすめ方

① 地域ごとに整列したら，教師は列の先頭に立ち「それでは列車が出発しま～す！」と声をかける。
② 学校敷地内はジグザグに歩く。子どもたちは楽しそうにジグザグについてくる。
③ 途中，ふざけて列から離れる子どもがいる場合，「脱線しましたので，しばらくお待ちくださ～い」と言って列を止め，離れた子どもを先頭車両にする。
④ 下校途中，信号待ちの時は「次は信号，信号，一時停車しま～す」と言う。
⑤ 目的地に着いたら，「○○（それぞれの地域の名称）駅に到着！　本日はご乗車誠にありがとうございました」と言ってさようならの挨拶をする。

(松下)

5月

家庭訪問

担任の「自分新聞」で自己紹介

> 担任は自分の名前，生年月日，好きな食べ物などを記事にした新聞を作成します。家庭訪問の時に配ることで，保護者との会話を盛り上げます。

すすめ方

① 教師は，B5など適当なサイズの新聞を書く紙を用意する。

② 新聞のタイトルには「志満津征子新聞」というように，担任の名前を入れる。

③ 記事には，教師のどんな学級を作りたいかという思いや，子どもたちが喜びそうな教師の初恋話・失敗談などを書く。

④ 新聞を盛り上げるために，記事の見出しには「特報！」「朗報！」「スクープ！」という言葉を効果的に使う。

⑤ 家庭訪問の時，保護者に「初めまして。私，こういう者です」と名刺風に差し出す。

⑥ 担任の「志満津征子新聞」をきっかけに保護者との会話が盛り上がる。家庭では，教師が帰った後も「志満津征子新聞」の話題で盛り上がること間違いなし。　　（志満津）

5月

遠足① 巨大てるてる坊主

> 遠足の前,教室に巨大なてるてる坊主を飾ります。子どもたちは突然現れた大きなてるてる坊主を見ながら,より遠足を楽しみにするようになります。

すすめ方

① 学級のボールに模造紙をかぶせ,目,口,鼻を描き,巨大なてるてる坊主を作る。
② 子どもたちの登校前,教師は教室の一番目立つところに,巨大てるてる坊主を飾る。
③ 登校して来た子どもたちは,突然現れた巨大てるてる坊主に大騒ぎになる。教師は子どもたちに,「遠足が楽しみだね」「晴れるといいね」と声をかける。
④ 子どもたちが作った小さいてるてる坊主は,巨大てるてる坊主の下にぶら下げる。てるてる坊主が,親子のようになって楽しい雰囲気をさらに作り出す。　　　　　(松下)

5月

遠足② 泥棒タオル

遠足に行く時，先生が日差しよけとして白いタオルを頭に巻きます。遠足中，状況に応じてタオルの巻き方を変えると，子どもを先生に注目させることができます。

すすめ方

① 出発する時，教師は調理実習で三角巾を身につけるように，タオルを頭に巻く。

② 民家の近くや，交通量の多いところで，教師は白いタオルを鼻の下で結び，泥棒スタイルになる。「先生，泥棒みたい！」という子どもからのつっこみに，真剣な顔で「しー!!」と言う。

③ 大きな声で指示を出す時，教師は白いタオルをねじって巻き，八百屋スタイルになる。

④ ちょっとユーモアを出したい時は，あごの下で縛ってひょっとこスタイルにする。子どもたちは教師の変な顔に，思わず吹き出す。

(松下)

5月

遠足③ 到着時刻予想ゲーム

> 遠足や社会見学で見学地への到着時刻を予想するゲームです。

すすめ方

① 学校を出発する前。子どもたちにB6サイズの紙を1枚ずつ配る。

② その紙に，自分の名前と遠足の目的地に着く時刻を予想して書かせる。

③ 紙は集めて，教師が持っていく。

④ 目的地に着いたら，教師は時計を見て，時刻を発表する。

⑤ 一番近かった子に賞品をあげる。アメなどが喜ばれる。

(中村)

5月 図書室の使い方指導

本を探せ！ バトル

> 図書室を初めて使う時に，本を探す競争をします。どこにどんな本があるのかを楽しく覚えることができます。

すすめ方

① 初めて図書室を使う時，どこにどんな本が並んでいるのかを教師が一通り説明する。

② 教師は，「今から『本を探せ！ バトル』をします。班対抗で行うゲームです。先生が読みあげたタイトルの本を早く持って来た人が勝ち。その班に1点入ります。最終的に点数の多い班が勝ちです」とルールを説明する。

③ 教師が読みあげた本を，班の代表者が探しに行く。

④ 本を見つけたら，カウンターにその本を持ってきて「この本を貸してください」と言う。

⑤ 走ったり，声を出したりしたら，失格。お上品に探す。

⑥ 最後に，「このバトルは図書室の使い方を楽しく学習するために特別にやったことです。休み時間などに友達同士でやって迷惑をかけてはいけません」という話をすることを忘れてはいけない。

(飯村)

プール
教育実習

6月

梅雨の時期。
子どももクラスも
じめっとしがちです。
プールや教育実習生の
エネルギーを利用して,
この空気を
カラッと変えちゃいましょう。

6月

プール① 水よ！ 出てきてくだされ！

> 待ちに待ったプール開き。シャワーの水を出す時に怪しげな祈りを捧げます。まわりは大爆笑に包まれ，楽しいプール学習を予感させます。

すすめ方

① ノリのいい子1人をシャワーの下に来させる。

② 「水が出るように，祈るんだ！」と教師が言う。その子は，手を合わせて祈ったり，怪しげなポーズを始めたりする。

③ 「祈りが足りない」と言うとさらに激しく祈ったり踊ったりする。「水よ！ 出てきてくだされ！」と叫んだりもする。

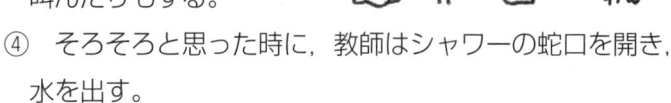

④ そろそろと思った時に，教師はシャワーの蛇口を開き，水を出す。

⑤ シャワーを浴びながら感謝の祈りを捧げる。「お水さん，ありがとうございますー！」

(桑原)

6月

プール②　プールの中 DE 準備運動

> いつもの準備運動をプールの中で。水を怖がる子どもも，みんなと一緒に水に入って体を動かすことで自然に水に慣れてきます。低学年におすすめです。

すすめ方

① 最初にプールサイドで通常の準備運動を行う。

② 次に全員プールの中に入って，プールの中で再度整列する。「じゃあ，今度はプールの中でもう一回体操をするよ！」と言って教師は体操を始める。

③ 最初は元気よくかけ声をかけながら，水の中でジャンプ。子どもたちは楽しそうにとびはねる。

④ その後，伸脚→屈伸→前屈→腰まわし，という順に体操をしていく。だんだんと顔が下がる動きの体操を入れるとよい。自然に顔を水につけられるようになる。

⑤ 最後の腰まわしでは「隣の友達に思いきり水をかけよう」と言って，水をかけ合うと盛り上がる。

⑥ 教師はいつもどおりに平然と体操を行うのがポイント。

(藤原)

6月

プール③ プールで忍者修業

> 低学年のプール開きで忍者修業をします。子どもたちは，意欲的に水の中にもぐったり，目を開けたりするようになります。

・・・・・・・・・・ すすめ方 ・・・・・・・・・・

① 低学年のプール開き。水に顔をつけることのできない子が何人もいることが予想される。

② 教師は次のように話す。「今日から君たちに，忍者になる修業をしてもらいます！ 今からする修業をしていけば，すぐに水にもぐれるようになります。そして，泳げるようになります！」子どもたちは俄然やる気になる。

③ 教師が「忍法水もぐりの術！」と言い，忍者ポーズでもぐる見本を見せる。子どもたちにも同じようにさせる。みんな一斉に顔までもぐる。

④ 子どもたちが大喜びになりノッているところで，「忍法目開きの術！」「忍法水中浮きの術！」「忍法底もぐりの術！」と次々に修行を続けていく。

⑤ 「山田忍者完璧！」とほめるとやる気アップ。　　（桑原）

6月

プール④ 頭を使う準備運動

水泳学習で「右腕は前回し,左腕は後ろ回し」というように,両腕を反対に回す準備運動をします。頭を使う準備運動は子どもたちの集中力を高めます。

······· すすめ方 ·······

① 教師は準備運動をする前に,「準備運動は命に関わる大切なものです。しっかり取り組みましょう」と子どもたちに真剣に話をし,緊張感を持たせる。

② 一通り準備運動をした後,最後に通常の腕回し(前・後ろ)をする。

③ 教師は「次の準備運動は難しいけれどできるかな?」と子どもたちに問いかける。

④ 教師は「左腕は後ろ,右腕は前」と指示をして腕を回させる。右腕も左腕も前(後ろ)に回す子どもが続出し,笑いが生まれる。また,「できた!」と子どもたちから声が上がり,準備運動に活気が生まれる。

(松下)

6月

プール⑤ 着衣水泳
「服の早脱ぎできるかな？」

> 着衣水泳で水中服脱ぎ競争をして楽しみます。服を着たまま水中に入ることの危険性を学ぶことができます。

すすめ方

① 子どもたちは水着の上に、きちんと洗濯してきたTシャツ、長ズボン、靴下を身につけてプールサイドに並ぶ。

② 教師は「服早脱ぎ競争をします！　全部脱げた人からその場に座りましょう」と言う。一番早く座った子が優勝。みんなで賞品の拍手を贈る。

③ 子どもたちにもう一度服を着させる。そして、プールの中に服を着たまま入らせる。

④ 教師は「水中では、さっきの優勝者の3倍の時間内に脱げるかな？」と言う。子どもたちは「楽勝！」と言う。

⑤ 子どもたちは一生懸命服を脱ごうとするが、水中ではうまく脱げず思わず笑顔になる。教師が「みんな、笑顔で溺れてるやないか！」と軽くつっこむと笑いが大きくなる。

⑥ 教師は「服を着たまま水の中に入ることは危険だよね」と子どもたちに話す。

(伊住)

6月

教育実習① 教育実習生にむちゃぶり

> 教育実習生を紹介する時、とにかくむちゃぶりを連発して、笑いを生みます。

すすめ方

① 子どもたちに実習生を紹介する時、むちゃぶりをする。「○○先生は、ものまねが得意です。お得意のオバマ大統領のものまねをお願いします」「○○先生は、今までにじゃんけんで負けたことがありません。じゃんけん世界一です。○○先生とじゃんけんしたい人？」など。

② 実習生を持ち上げる。「○○先生は、こんなむちゃなふりにも必死に答えてくれましたね。それはみんなと仲良くなるために一生懸命だからです。みんなのために一生懸命になってくれる○○先生とのお勉強が楽しみですね。」

③ 最後にまたむちゃぶりをする。「それでは最後に、キムタクのものまねでしめてもらいましょう。○○先生、どうぞ。」「もう、ええわ。」（ここは打ち合わせをしておく。）

④ 実習生のキャラをよく見てやる必要がある。

（飯村）

6月

教育実習② 1人だけ紹介しない

教育実習生を複数紹介する時に，1人だけわざと紹介を忘れます。実習生につっこんでもらい，笑いを生みます。

すすめ方

① 実習生に子どもたちの前に立ってもらう。

② 教師は端から順番に「○○先生です」「△△先生です」と紹介していく。

③ 最後の1人になった時に，「それでは……」と次の話に入ろうとする。すると，「おーい」と紹介してもらえなかった実習生がつっこみ，笑いが生まれる。

④ 事前に打ち合わせをしていなくても大抵の人はつっこめる。

⑤ 実習生のキャラをよく見てやらないと嫌がらせになってしまうので，注意する。

(飯村)

自然教室
（林間学校・臨海学校）
個人懇談会
水泳記録会

7月,8月

さあ，夏です。
汗をびっしょりかいて，
みんなで笑顔に！
個人懇談では，
保護者を笑顔にして
よい関係を作りたいですね。

7月, 8月

自然教室①
林間学校
臨海学校

寝ない子には子守唄を

自然教室の時，就寝時刻を過ぎてもなかなか寝ない子がいます。そんな時は，先生が添い寝をしてひたすら子守唄を歌います。さすがに観念して寝るようになります。

すすめ方

① 教師は，就寝時刻を過ぎた後，部屋をのぞく。

② 寝ようとせずに，まわりにちょっかいを出す子がいる。そういう時は，その子の横で教師が添い寝をし，子守唄を歌う。「○○君，そんなに眠れないのなら先生が横で一緒に寝て子守唄を歌ってあげよう。」

③ 「ねーん ねーん ころーりーよー おこーろーりよー ぼーやーは よいこーだー ねんねーしーなー……」とひたすら歌う。もう二度と部屋に来てほしくないというくらいに。

④ その子はさすがに観念し，おとなしく寝るようになる。　　　（桑原）

7月, 8月

自然教室②
林間学校
臨海学校

あさだー！

> 自然教室の朝，眠くてなかなか起きることのできない子がいます。棒で鍋などを叩いて大きな音を立てながら，元気に子どもたちを起こします。

すすめ方

① 起床時刻になったら，教師は左手に鍋，右手に棒を持ってみんなを起こしにいく。

② 棒で鍋などを叩きながら「あさだー！　起きるぞー！　みんなー！　気持ちいいぞー!!　最高だ―!!」とハイテンションで叫びまくる。

③ 布団に入ったままの子がいたら，布団の上からかまわず鍋などを叩きながら叫ぶ。「あさだぞー！」

④ みんな眠い顔をして仕方なく起きてくる。　　　　（桑原）

7月, 8月

自然教室③ 林間学校 臨海学校

「おはよう！ うんちした？」

> 自然教室では，恥ずかしがってトイレに行かず，体調を崩す子がよくいます。「うんちした？」と言い合うことで，うんちをすることを当たり前の雰囲気にします。

すすめ方

① 教師は「自然教室に来て体調を崩す人がよくいます」と話を始める。

② 「朝トイレでうんちをしない人が，お腹を痛めたり気分を悪くしたりするのです。うんちをするのは恥ずかしいことではなく，当然のことです」と説明する。

③ 「朝起きたら，30人の人に『おはよう！ うんちした？』と挨拶をしましょう（子どもたちは「えーっ!?」と言いながらも盛り上がる）。これで，恥ずかしさもなくなります。また，うんちを忘れていた人も思い出します。どんどん，挨拶をしましょう！」と言って話を終える。

④ 朝，うんちに関する挨拶や会話が活発になる。教師も「いいうんちをしたよー！」と進んで会話に参加すると楽しい。

（桑原）

7月, 8月

自然教室④ 林間学校 臨海学校

グーパーで集中

> 自然教室で集合した時，ざわざわしてなかなか集中できないことがあります。ハンドサインで約束事を決めておくと，声をいっさい出さずにすぐに集中できます。

すすめ方

① ハンドサインで「教師がグーを出したら，座る。パーを出したら，立つ」という約束事を決めておく。

② 子どもたちが集合した後，教師がグーを出す。すると，教師をよく見ている子はすぐに座る。すかさずほめる。ほめていると気づかなかった子も気づいて，全員が座る。

③ 全員が座ったところで，すかさず教師はパーを出す。すぐに全員が立つ。これをくり返すと，子どもたちは教師の手に集中し，静かに話を聞くことができる。

④ 話し始めてからも，グーパーをすると，反応できない子や慌てて間違える子がでて，軽く笑いが起こる。

⑤ たまにグーパーではなく，キツネ，ウサギ，ハト，カニなどを手で作る。子どもたちは一瞬考えた後，動物のまねをしてくれて大爆笑になる。　　　　　　　　（飯村）

7月, 8月

自然教室⑤ 林間学校 臨海学校

鳴き声コンテスト

> 自然教室で聞いた鳥や虫の声を退所式でコンテストします。事前に「〇〇の鳴き声コンテストを行います」と予告しておけば、子どもたちは自然の音を意識して聞こうとします。

すすめ方

① 自然教室の入所式で、教師は「ウグイスは実はホーホケキョとは鳴きません。退所式でウグイスの鳴き声コンテストをします。本物のウグイスは何と鳴くか？ よく聞いておいてください。優勝者に豪華プレゼントがあります」と言う。

② 退所式で、「ウグイスの鳴き声コンテストをします。参加したい人は手を挙げましょう」と言う。

③ 挙手した子ども数人を前に並ばせる。

④ 子どもは順番に発表する。聞く人は拍手で判定する。

⑤ 一番拍手が多かった子どもに教師がウグイス笛をプレゼントする。子どもたちはびっくりするが笑顔になる。

(伊住)

7月,8月

自然教室⑥
林間学校
臨海学校

まとめは
5・7・5川柳トークで

> 自然教室の思い出をまとめた川柳。この川柳をもとに先生がいろいろな質問をします。子どもたちの爆笑トークで盛り上がりながら自然教室のふり返りができます。

すすめ方

① 子どもたちに自然教室の思い出を5・7・5の川柳にまとめさせる。そして,教師は川柳を集める。

② 教師が1つ選んで読み聞かせ,子どもたちに誰の川柳か予想させる。当てた子に,「○○さんのファン?」「えっ!エスパー?」とつっこむと子どもたちは笑顔になる。

③ 教師は川柳を書いた子に質問し,解説させる。例えば,「風呂上がり 僕の姿は おっさんだ」という川柳の場合,「えっ!? どんな格好だったの?」と聞く。実際にその時の様子を再現してもらっても盛り上がる。

④ 教師は「俺の姿もおっさんだったと思う人?」「いや,私のお風呂上がりの姿は美しかったという人?」などと聞き,他の子のトークも促す。

⑤ 次々と川柳を読み聞かせ,②~④をくり返す。 (伊住)

7月,8月

個人懇談会①

待ち時間は子どもの「写真鑑賞会」

> 個人懇談の待ち時間に,子どもたちの活動の写真をデジタルフォトフレームで流します。待ち時間も有効に使うことで,懇談での会話が盛り上がります。

すすめ方

① 教師は運動会やお楽しみ会,日々の学習での子どもの様子をデジタルカメラで撮影する。

② 教師は懇談の日までに,8型など好みのサイズの「デジタルフォトフレーム」を電気屋で購入し,撮影した写真を流すセットをする。

③ 懇談当日,教師は「デジタルフォトフレーム」を置いた机を廊下に出し,保護者から写真がよく見える位置に置く。

④ 教師は「○年○組,鑑賞会へようこそ! 写真をご覧になりながらお待ちください」と書いた紙を,フォトフレームを設置した近くに貼る。

⑤ 待ち時間も有効に使うことで,保護者との距離を縮めることができる。

(志満津)

7月, 8月

個人懇談会②

「○○さんにだけ，2枚プレゼントします」

> 保護者に子どもたちの写真をプレゼントすることは，効果大です！ ましてや，それが1枚でなく，自分だけ2枚もプレゼントされたら……。一気に保護者の気持ちをこちらに向けちゃいましょう！

すすめ方

① 個人懇談の最初，教師は子どもが活動している様子の写真を1枚，保護者に渡す。

② 「○○君は，こんなに頑張っていますよ」としっかりほめる。また，家でもほめてほしいことを伝える。

③ 帰り際に「実はね……今回特別に，○○さんにだけ，もう1枚写真をプレゼントしちゃいます」と言って，写真を出す。そーっと出すのがポイント。

④ 2枚目の写真でもしっかりほめる。最初と最後でしっかりほめることで，よい雰囲気で始まり，よい雰囲気で終わることができる。

⑤ 「○○さんにだけ」といっても，実際は全員に2枚渡すようにする。

(松森)

7月, 8月

水泳記録会 学校大応援団

近隣の学校が集まって行われる水泳記録会。出場する子どもたち全員を盛り上げ上手な応援団にします。参加者に一体感が生まれ, 思い出に残る水泳記録会になります。

すすめ方

① 水泳記録会の本番までに, 参加者の中から応援団長・副団長を選んでおく。応援のやり方も一通り説明する。

② 自分の学校の児童が会場でアナウンスされた時, 大きな歓声と拍手を送る。

③ 競技がスタートすると,「○○, 拍手3回(パンパンパン)」や「それいけ○○」(団長),「それいけ○○」(他の人)等のコールをくり返す。

④ ゴール後, 児童が応援席に帰った時も拍手で迎える。

⑤ 拍手の最後は手拍子「パン, パンパンパン」に合わせて選手が決めポーズをして終わる。　　　　(伊住)

2学期スタート
運動会
行事後の指導
お楽しみ会

9月

長い夏休みが明けたばかり。

それなのに，

運動会という

大きな行事がある9月です。

ユーモアの力で

子どもたちを夏休みボケから，

一気に目覚めさせましょう。

9月

2学期スタート①

「先生は君たちを愛してる！」

> 夏休み明け最初の授業。先生の思いを伝え，全員で復唱することで，妙な一体感と温かい雰囲気が生まれます。

すすめ方

① 夏休み明けの最初の授業。教師は，子どもたちに「先生は夏休み中に気づいたことがあります。何だと思いますか？」と聞く。

② 数名に答えさせた後，「先生は君たちを愛しているのだと気づきました」と正解を言う。

③ 教師は続ける。「くり返します。先生は君たちを愛しています！」さらに力強く言う。「もう一度言います。先生は君たちを愛しています！」

④ 次は子どもにふる。「先生は君たちを」と教師が言った後，ノリのいい子を指名すると，「愛しています！」と言ってくれる。

⑤ 次にクラス全体にふる。教師が「先生は君たちを」と言うと，子どもたちは「愛しています！」と答えてくれる。

(安東)

9月

2学期スタート②

「ウソこいピンポン」で夏休みの報告会

> 班5人が前に出て夏休みの一言報告会をします。しかし，1人の報告はウソ。それが誰かを当てるゲームです。

すすめ方

① 夏休みの思い出を1人1つ紙に書く。その思い出を班の中で発表し合う。班で相談して，ウソをつく人を1人決め，ウソの思い出を考える。

② 1班（5人）が教室の前に出て，横一列に並ぶ。1番目の子から順番に夏休みの思い出を発表する。

③ 5人全員が発表し終わったら，1班以外の班は相談して，質問を1つだけする。1班の子は質問に答える。

④ 全ての班の質問が終わったら，何番の子がウソをついているのかを班で相談し，答えを小黒板に書く。

⑤ 教師の「せーの，ドン」の合図に合わせて，一斉に小黒板を上げる。そして，正解を発表する。

⑥ 出題班を交代して，②～⑤をくり返す。

※上條晴夫著『お笑いの世界に学ぶ教師の話術』（たんぽぽ出版）掲載のゲーム。夏休み明けに使う形にした。（中村）

9月

運動会① 運動会前はやたらと赤対白

運動会の練習期間は，普段の生活でもやたらと赤組対白組で勝負！ 運動会に向けて気分を盛り上げます。

すすめ方

① 運動会の赤白のチーム分けができたら，教師は「今日から運動会に向けて，このクラスでは，やたらと赤組対白組で勝負します。運動会までの間，競い合いながらお互いを高め合いましょう」と宣言する。

② 教室の座席を変える。窓側が赤組，廊下側が白組にする。

③ 運動会当日まで，やたらと赤組対白組で競わせる。応援練習だけでなく，健康観察の返事，挨拶，歌，授業中の発表，姿勢，掃除など，運動会とは直接関係ない場面でも勝負させる。

④ 結果を発表する時は，赤と白の旗を準備する。そして，神妙な顔で「この勝負，○組の勝ち！」と言い，旗をビシッと挙げると盛り上がる。負けたチームへのフォローもお忘れなく。

（飯村）

9月

運動会② 応援団「鉢巻き君！ 君は相棒だ！ −鉢巻きに名前をつけよう−」

応援団に配られる鉢巻きやたすきに，オリジナルの名前をつけます。すると，愛着が増し，なくしたり落としたりしてしまうことがぐっと減ります。

すすめ方

① 応援団で鉢巻きを初めて配る時，教師は次のように語る。
「この鉢巻きは，君たちを勇気づけ，かっこよさをアップさせ，気合いを入れてくれる最高の相棒です。運動会の練習期間中はこの相棒に名前をつけて大切に扱おう！」
② 子どもは，もらった鉢巻きに「右京」「ジョニー」「庄三郎」など好きな名前をつける。
③ 中には熱く握りしめた鉢巻きに，「とし子！ 今日から俺とお前は運命共同体だ！」と言いながら，マイ鉢巻き「とし子ちゃん」を愛おしそうに頭に巻くノリのいい子もいる。
④ その後，子どもが鉢巻きを忘れたり落としたりした場合は，教師が「君の相棒はどうした？ あの言葉は嘘だったの〜？ 先生は悲しい！ 君はそんなに薄情だったのか！」と涙ながらに訴え，楽しく子どもを追い詰める。 （岡本）

9月

運動会③ 団体競技の前にインタビュー

団体競技の入場前にインタビューをします。盛り上がって競技に入ることができます。

すすめ方

① 運動会の団体競技の前，まずは赤組を入場門に集める。
② 教師が赤組のメンバーにインタビューする。「放送席，放送席，赤組のメンバーにインタビューします。まずは，○○君，これから行われる騎馬戦にかける意気込みを聞かせてください」と言う。
③ 「白組なんかには，絶対に負けません！」などの強いコメントを言ってもらう。コメントの後は，赤組全体で「うお〜！」というような声と拍手で盛り上げてもらう。
④ 最後は団長にインタビューする。もちろん「白組なんか相手になりません」などと強気のコメント。そして，団長の合図で赤組全員が応援を1つ行う。
⑤ 「赤組いくぞ！」と団長が言い，他のメンバーは「おー！」と叫んで，走って入場する。
⑥ 白組も同じようにする。　　　　　　　　　　　（中村）

9月 行事後の指導

君たちはスリッパです

だじゃれを使って楽しく行事のふり返りをします。次の行事に向けて楽しい雰囲気の中で注意ができます。

すすめ方

① 行事の後,すばらしい行動ができた子を立たせる。そして,教師は「君たちはリッパです」とほめる。
② 次に,だめだった子たちを立たせる。教師は「君たちはスリッパです」と言って,隠し持っていたスリッパを出す。そして「次は,このスリッパがリッパになるように頑張りなさい」と言って座らせる。子どもたちは笑顔になり,楽しい雰囲気で注意できる。
③ 次の行事では,頑張らない子に「またスリッパになるよ!」と注意する。また,子ども同士でも「そんなことしたらスリッパになるよ」と注意し合うようになる。

(飯村)

9月

お楽しみ会　H-1（変顔）グランプリ

> 子どもの変な顔やポーズをデジタルカメラで撮影します。その写真をお楽しみ会で紹介し，H-1グランプリを決めます。写真を撮るだけの手軽で盛り上がる実践です。

すすめ方

① 教師は次のように説明する。「今度のお楽しみ会でH-1グランプリをします。H-1とは『変顔』のことです。みんなのおもしろい顔やポーズを写真に撮って，グランプリを決めます。ただし，みんなに変な顔を見てもらうので，それでも大丈夫だという人は，エントリーしてくださいね。友達と一緒に参加するのもいいですよ。」

② 撮影は休み時間などに行う。クラスの目立ちたがりの子が続々とやってきて，変な顔でポーズを決める。それを見た子は大笑いする。

③ お楽しみ会で撮影した変顔を見る。プロジェクターに映して大きくすると見やすい。また，パワーポイントを使って，タイトルを作ったり，アニメーション効果を入れたりして編集するとさらに盛り上がる。

(藤原)

社会見学
修学旅行

10月

みんなで泊まる修学旅行,
学校の外に出る社会見学は,
子どもたちの大きな楽しみです。
子どもたちが
大喜びするネタの数々で,
一生の思い出を演出しましょう。

10月

社会見学① バスで挨拶いろいろ

> バスの中で，みんなで元気に挨拶をして盛り上がるネタです。バスに酔いやすい子もこれで安心です。

すすめ方

① スケッチブックにいろいろな挨拶を書いておく。

② 教師がそれをめくっていき，みんなで一緒に声を出して読む。

③ 「おはようございます」「こんにちは」という普通の挨拶をしながら，途中にちょいちょいボケをはさむ。「お父さん，娘さんをぼくにください」「お前にはまだ早い」「いやあ，あつはなついねえ。あべこべやん」「クララが立った」「飯村先生，大好き」などを入れる。だじゃれ，流行のギャグ，ものまねなどを入れると盛り上がる。

④ 最後に「○○バス大好き。来年も再来年も○○バスがいい。よろしくお願いします」などを入れると運転手さんにも好印象である。

(飯村)

10月

社会見学② しりとり応援団

> 社会見学の移動中のバスで，応援合戦のような集団しりとりをします。大声を出して盛り上がり，乗り物酔いをする子はまず出なくなります。

すすめ方

① 子どもたちをバスの右側，左側で2チームに分ける。
② それぞれのチームの団長を決める。
③ 先攻チームの団長が最初の言葉を決める。応援合戦の3．3．7拍子のリズムに合わせて，チームみんなで「バ．ナ．ナ，バ．ナ．ナ，バ．ナ．ナ．に．つ．づ．け」と言う。
④ 先攻チームが言っている間に，後攻のチームの団長は続く言葉を考えてみんなに伝える。「なすびー！　なすびー！」と大きな声でチームみんなに伝わるように叫ぶ。
⑤ 後攻チームがみんなで「な．す．び，な．す．び，な．す．び．に．つ．づ．け」と言う。
⑥ これをくり返し，言えなくなったら負け。ずっと続いた場合は，応援合戦なので，大きな声のチームが勝ち。

※埼玉県の清水恵二氏に教えていただいたネタ。　　　（飯村）

10月

社会見学③ 帰りのバスで見学クイズ

社会見学で見学したことを帰りのバスでクイズにします。事前に「見学したことでクイズ大会を開きます」と予告しておけば、子どもたちは細かいところまできちんと見学しようとします。

すすめ方

① 社会見学の帰りに、バスの中で教師がクイズを出す。例えば、牧場を見学した後は、「牛舎には牛は何頭いたでしょう？」「1頭の牛から1日に採れる牛乳は何ℓでしょう？」など、よく見学していれば分かる問題を出す。

② 分かった子は挙手し、教師が指名して答えさせる。

③ 最後に「説明をしてくれた○○さんの靴の色は何色でしょう？」など、子どもたちが「えぇー」となるようなどうでもいい問題を出す。他は全部不正解で、これだけ正解する子がいる。「それだけかい！」とつっこむと盛り上がる。

④ クイズが出ると分かっていると、子どもたちは真剣に見学するようになる。

※奈良県の土作彰氏の実践を参考にした。　　　　　　（飯村）

10月

修学旅行① 見学先でオリエンテーリング

> 修学旅行の見学先で,オリエンテーリング風に見学をします。チェックポイントを探しながら楽しく見学ができます。

すすめ方

① 教師は下見の時に,問題を作る。例えば,日光東照宮だったら「眠り猫は何色でしょう?」「鳴き龍は何匹いたでしょう?」のように,そのチェックポイントに行かないと答えられないような問題にする。

② 子どもたちは,グループごとに,地図と問題用紙を見ながら,各チェックポイントを探す。

③ 最後に答え合わせをして,正解だったら点数がもらえる。点数が高いグループの勝ち。

④ 制限時間を設定し,その時間内に集合場所に行けたら,ボーナスポイントがもらえる。

⑤ チェックポイントの1つに教師がいて,「○○先生に写真を撮ってもらう」という問題も入れる。この時,教師が見学場所にちなんだ扮装をしているとおもしろい。(飯村)

10月

修学旅行② 記念写真　3つのチェック

　修学旅行での記念写真，笑顔で写してあげたいものです。写真を撮る直前に「3つのチェック」をします。このチェックをすると子どもたちは最高の笑顔になります。

すすめ方

① 　修学旅行で記念写真を撮る直前に，教師は「今から3つのチェックをしよう！」と言う。
② 　教師が「1つ目！　歯にのりがついてないかチェック!!」と言うと，子どもたちから笑いが起こる。
③ 　さらに，「2つ目！　自分のチャックが開いていないかチェック!!」と言うと，笑いが大きくなる。
④ 　最後に「3つ目！　鼻毛チェ————————ック!!!」と言うと，子どもたちは大爆笑。
⑤ 　教師が「この3つのチェックがクリアーできたら，君はモテモテだ!!」と言うと，子どもたちは笑顔になる。みんなが笑っているところを，パチリ。

(桑原)

10月

修学旅行③ 写真撮影は、「はい，ウイスキー」で

> 修学旅行の時，「はい，ウイスキー」のかけ声に合わせて集合写真を撮ります。すると，子どもたちは最高の笑顔になり，一生の思い出に残る写真が撮れます。

すすめ方

① 教師は子どもたちに，「最高の笑顔で集合写真を撮るために秘密の練習をしよう」と伝える。

② 子どもたちは教師の「はい」の声に合わせてあごを引き，「ウイス」で体を少し斜めにしてカメラを見る。そして，子どもたちみんなで「キー」と言い，笑顔を作る。

③ 教師は授業中など，いきなり「さぁ，先生がカメラだよ。はい，ウイスキー」と声をかけて練習する。

④ 当日，写真を撮る前に，教師は「実は，プレゼントがあります」と言い，画用紙などで作ったウイスキーを出す。

⑤ その後にお決まりの「はい，ウイスキー」と声をかけると，最高の1枚が撮れる。

(志満津)

10月

修学旅行④ お風呂で背中を流す

　クラスのみんなでお風呂に一緒に入るのは，とても楽しい思い出になります。背中を流し合うことで，一体感が生まれ，笑顔があふれます。

すすめ方

① 教師は男子児童と一緒に男風呂に入る（もちろん男性教師のみ）。

② 教師が「今から背中を流すぞー！　円になろう！」と言い，みんなで円になる。

③ 教師は「前の友達の背中を30回こするぞー！　始め！」と指示する。「イーチ，ニー，サーン……」と言って背中をこする。

④ 「はんたーい」と言って，向きを変え，背中をこする。

⑤ ただこれだけであるが，笑顔があふれ，クラス（男子だけであるが）に一体感が生まれる。　　　（桑原）

音楽祭
学習発表会
学芸会

11月

芸術の秋です。
学校でも
音楽祭や学芸会などの行事が
目白押しですね。
楽しく鍛えて
クラスの団結力アップ！
行事を通して，
子どもたちを育てましょう。

11月

音楽祭① たこやきを作って歌おう！

歌を歌う時，ほっぺにたこやきを作ることを意識させると，地声ではなく，きれいな声が出やすくなります。緊張をほぐして，笑顔で歌わせたい時にも使えます。

すすめ方

① 歌の練習で集中力がきれた時や，緊張して表情がこわばっている時，教師は「ほっぺにたこやきを作るよ〜！ ほっぺに手をあててね」と言って見本を示す。

② 「みんなで作ってみよう！」と言って，みんなでほっぺにたこやきを作る。

③ 教師は「おいしそうなたこやきがたくさんできたね。隣の人と見せ合ってみよう」と言う。子どもたちは友達の顔を見て思わず笑ってしまう。

④ 教師は「みんな笑顔がいいね！ では，たこやきを作ったまま歌ってみよう！」と言って，歌を歌わせる。

⑤ 笑顔で歌うと緊張がほぐれ，生き生きとした声で歌える。また，ほっぺにたこやきを作ることで，上あごと口角が上がり，声が出やすくなる。

(藤原)

11月

音楽祭② 指揮者を見て みんなでにっこり

> 合唱祭や学年集会に向けての歌の練習。緊張感たっぷりの中，指揮者の子の一発ネタで，みんながリラックスし，のびのび歌う雰囲気を作ります。

すすめ方

① 合唱の練習が始まったら，とにかく気合いを入れてビシビシ指導する。

② あと数回で本番という時，少し緊張を和らげる意味で，指揮者に「鼻眼鏡」をかけさせ変装させる。しかし，最後までまじめな顔で指揮をし続けるように言っておく。

③ 教師はこれまで通り厳格な雰囲気で何事もなかったかのように指導する。笑う子には，笑いをこらえ，最後まで歌いきるように注意する。

④ 担任も鼻眼鏡をつけるとさらにおもしろい。　　　（西原）

11月

音楽祭③　復活の呪文

音楽発表会へ向けて，遊びの中でアウトになった場合に，復活の呪文（歌詞）を唱えれば復活できるというルールを作ります。歌詞を覚えざるを得ない状況を作り出します。

すすめ方

① 音楽発表会前のクラス遊びで，次の特別ルールを作る。「ドッジボールで当てられた時や鬼遊びでタッチされた時，復活の呪文を教師の前で唱えれば復活できる。」

② 復活の呪文は，音楽発表会の歌の歌詞である。

③ 子どもたちは，早く復活したいから，早口で何度も歌詞を唱える。結果，自然に覚えるようになる。

④ 復活の呪文は「じゅげむじゅげむ…」「飯村先生のよいところを10個」「だじゃれを5つ」などとしても楽しい。

⑤ 保健目標が「うがいをしっかりしよう」の時には「命の水」として，水道まで走りうがいをしたら復活できるというルールにしてもおもしろい。

(飯村)

11月

学習発表会　○－1グランプリ

> 学習発表会をテレビのM－1風にします。楽しい中にも緊張感のある雰囲気で発表会を行うことができます。

すすめ方

① 発表グループは，M－1の出ばやしの曲「Because we can」にのって登場し，制限時間内に発表する。

② 審査員（子どもから募集してもよいし，参観日に保護者から募集してもよい）は点数をつける。

③ 点数の高いグループが優勝。

④ 教師は司会者として，おもちゃのマイクで参加者や審査員，会場にインタビューなどをして，盛り上げる。

⑤ 発表する子どもたちは，高得点を取ろうと頑張る。見ている子どもたちもただ発表を見るだけでなく，点数争いを楽しんで見るようになる。

⑥ 環境問題の発表会だったらK－1グランプリ，日光移動教室の発表会だったらN－1グランプリという名前にする。

（飯村）

11月

学芸会① セリフを言って教室に入る

> 学芸会の演劇発表へ向けて，教室に入る時には必ずセリフを言ってから入るというルールを作ります。1日に何度もセリフを言うので，バッチリ覚えられます。

すすめ方

① 学芸会の演劇発表前，「教室に入る時には必ず役になりきってセリフを言う」という特別ルールを作る。

② 最初は教師がドアのところに立っておく。そこで，合格，不合格を判定する。

③ 慣れてきたら，教師が立っていなくてもセリフを言って入ってくるようになる。

④ 1日に何度もセリフの練習をすることになり，ばっちり覚えることができる。

⑤ おもしろいセリフの子には，何度も廊下に出て教室に入ってこなければならない用事を頼む。そのたびに教室に笑いが生まれる。

※群馬県の深澤久氏の実践を参考にした。

(飯村)

11月

学芸会② 見せろ！ 役者魂❶

学芸会の練習は誰もが熱が入ります。先生も熱血映画監督を演じて，練習を盛り上げちゃいましょう！ 授業中も映画監督になりきると，子どもたちもその気になっていきます。

すすめ方

① 配役などが決定し，演技の練習が始まる日の朝，教師が「映画監督」の格好をして教室へ入る。どよめきが起こるが，怖い監督を演じて子どもたちを着席させる。

② 出席確認・健康観察を「役名」で行う。どんどん返事をさせていく。途中，役になりきって返事をした子には「君の演技は光っている！」「主演女優賞だっ！」などと大げさにほめる。

③ どんなに「先生！ いつまでするの？」とつっこまれても，「映画監督」を演じきる。

④ そして，そのまま授業に入る。授業中も教師は「映画監督」，子どもたちは「役」を演じきる。

(松森)

11月

学芸会③ 見せろ！ 役者魂❷

> 学芸会前に，子どもたちが自分の衣装を着て過ごす日を作ります。すると，子どもたちのやる気は高まり，モチベーションが向上します。

すすめ方

① 本番の約2週間前に，教師は「○日は，全員が自分の衣装を着て1日を過ごします」と子どもたちに伝える。すると，子どもたちは喜ぶ。

② そこで，教師は「これは，1日を通しての練習です。世界一難しいですよ」と伝える。

③ 練習当日の給食時間や掃除時間などに「その食べ方は○○（役名）そっくりです」「君のほうきの使い方は本物の○○（役名）みたいですね」「君は世界一の○○ですね」などと言う。

④ これで，学芸会まで子どもたちのやる気を高めることができる。また，衣装合わせもすることができる。（志満津）

12月

- 持久走大会
- ストーブ使い始め
- 担任の誕生日
- クリスマス会
- 学級懇談会

寒い，寒いこの季節です。
熱いネタで教室をホットに！
先生と子どもたちの熱気で
教室の温度を上げちゃいましょう。
「ここはハワイか」と思わせたら
勝ちですね。

12月

持久走大会①

校長先生ハンコください マラソン

> 持久走大会の練習で，校庭を300周したら校長先生からハンコがもらえます。いろいろな先生にほめられながら，目標を持って体力作りができるネタです。

すすめ方

① マラソンカードを準備する。1周したら1マス色を塗る。
② 100周したら，担任の先生からハンコがもらえる。
③ 200周したら，教頭先生からハンコがもらえる。
④ 300周したら，校長先生からハンコがもらえる。
⑤ 校長先生にハンコをもらえた子の写真と名前を貼り出すと盛り上がる。さらに，貼り出す写真を校長先生との2ショットにしたり，校長先生のいすに座って撮った写真にするともっと盛り上がる。全校で取り組むことがポイント。

(飯村)

12月

持久走大会②

先生はアイドル!?

> 持久走大会の練習の時に流すバックミュージックで、いきなり先生が歌い始めます。びっくりするやら、あっけにとられるやら……。みんな笑顔になります。

すすめ方

① いつも通りにバックミュージックを流し、練習を始める。
② 前奏の後、教師がいきなり歌い出す。子どもたちから「先生が歌うんかいっ！」とつっこまれても歌い続ける。
③ ポーズをつけても盛り上がる。カラオケバージョンにしておいてもよい。他の教師にマイクを回すと、一緒に歌ってくれるかも……。
④ 間奏などで、きちんと指導も行う。その後の指導も何事もなかったかのように行う。「先生、何で歌ったの！」とつっこまれても、何事もなかったかのように終了する。
⑤ 子どもたちから「リクエスト曲」を募集し、毎回曲を替えると、より盛り上がる。

(松森)

12月

ストーブ使い始め

ストーブスイッチ点火式典

> ストーブを使い始める前に，ストーブスイッチ点火式典を行います。スイッチを入れるだけの作業を大げさにすることで，教室に笑いが生まれます。

すすめ方

① ストーブを使う初日，子どもたちが登校する前に，教師はストーブにリボンをかけておく。また，秘密で，子どもたちの中から司会，テープカットの役を決めておく。

② 教師は「今日からストーブを使い始めるので，恒例のストーブスイッチ点火式典を行います」と言う。子どもたちからは「恒例じゃない！」とつっこみが入る。

③ 司会の子どもの「これよりストーブスイッチ点火式典を始めますので，姿勢を正してください」という言葉で，大げさな雰囲気を演出する。

④ ファンファーレが流れる中，テープカットを行う。

⑤ カウントダウンの中，教師がストーブのスイッチを入れる。ストーブが動き出した音に，自然に拍手が起こる。

(松下)

12月

担任の誕生日

お祝いしてよ誕生日

> 先生が自分の誕生日に，自作の詩を子どもたちに読んでもらい，よい気分になるネタです。

すすめ方

① 他の先生に頼んで，授業中に自作の詩を印刷したプリントを持ってきてもらう。子どもたちに「緊急のお手紙」らしいことを伝え，1人1枚その場で配る。

② 全員立った状態で，教師の範読に続けて一文ずつ読ませる。例：おめでとう／おめでとう／あなたが生まれて／かっこよく育って／おめでとう／おめでとう／誰からも／愛されて／あなたのことが／大好きです。2度目は子どもたちだけで読む。子どもたちは「何これ〜！」と騒ぎ始める。

③ 「今日は先生の誕生日です。先生へのお祝いのお手紙ですから，みんなで気持ちを込めて読みましょう」と言って，もう一度読ませる。

④ 子どもたちに「みんなお祝いの言葉ありがとう」と言って着席させ，授業にもどる。子どもたちからは，お祝いの言葉やブーイングが起こる。

(西原)

12月

クリスマス会 クリスマス会では，サンタになる

> クリスマス会では，サンタの衣装で登場しましょう。
> 本物サンタの登場に，パーティーは大盛り上がりです。

すすめ方

① クリスマス会の途中で教師はお腹が痛くなる。「トイレに行って来る」と大きな声で言って教室を出る。

② 教師は隠れて，素早くサンタの衣装に着替える。そして，教室に入り，「メリークリスマス！ みなさ〜ん，いい子に〜してま〜したか？」とインチキ外国人のように話す。

③ 「今日〜は，みな〜さんに，プレゼント，持って，きま〜した」と言って，子どもたちに小袋を投げる。小袋には，アメやチョコが少しだけ入れてある。教室はもちまき状態。

④ 「最後に〜，サンタさんか〜ら，1つ，だけ，お願〜いが，ありま〜す」と言う。子どもたちは注目する。「中村先生は，素晴らしい先生で〜す。大切にしてあげて〜ください。バーイ！」と言い残し，教室を出る。

⑤ 「先生がサンタになってた」という子もいるが，絶対に認めない。「ノルウェー産の本物だ」と言い続ける。 （中村）

12月

学級懇談会①

ラッキーおみくじ

> 懇談会に来てくださった保護者にお土産を用意します。子どもたちの手作りおみくじです。笑顔で帰ってもらいます。

すすめ方

① 子どもに折り紙を配り，引いた人が嬉しくなるおみくじを作ってもらう。記名もさせる。例えば，「ウルトラスーパー大吉。このくじを引いた人は何をやってもうまくいきます。ダイエットをすれば5kgはやせます」など。

② 懇談会後，保護者におみくじを引いてもらう。「○○君のが当たった」「うちの子失礼なこと書いてない？」などと保護者の会話が盛り上がる。

③ 中に1枚，担任が書いた金色のおみくじを入れる。引いた人に声に出して読んでもらってもおもしろい。例えば「担任の先生にやさしくするといいことが起こります」など。

④ 逆おみくじとして，保護者におみくじを書いてもらい，翌日子どもたちに引いてもらっても盛り上がる。

※東京都の安次嶺隆幸氏に教えていただいたネタ。　　（飯村）

12月 持久走大会・ストーブ使い始め・担任の誕生日・クリスマス会・学級懇談会

12月

学級懇談会②

名札にメッセージ

　懇談会の時に使う保護者用の名札に，子どもたちが保護者へのメッセージを書きます。教室に親子の温かい雰囲気を作ります。

すすめ方

① 懇談会で使う保護者の名札を子どもたちに作らせる。

② そこに保護者へのメッセージを書かせる。例えば，「お母さん，今日は忙しいのに僕のために来てくれてありがとう。懇談会では，先生の話をよく聞いてね。先生のギャグ，笑ってあげてね」など。

表　中村 幸子

裏　☺今日はありがとう。先生のギャグがもしすべっても 笑ってね♡
担任より/○○さんは、いつも私のギャグを笑ってくれる優しい子です。

③ 担任からのメッセージも加えるとよい。

④ 懇談会前の授業参観時は掲示物として飾っておく。懇談会が始まったら，机の上に置き，名札として使う。　　　（飯村）

3学期スタート

1月,2月

出張
節分
お楽しみ会

「笑う門には福来たる。」
笑顔で新年を
スタートしようじゃありませんか。
このネタなら
「この1年は，楽しくなるぞ！」
とクラス全員が思えるはずです。

1月, 2月

3学期スタート①

おみくじ作文

> 1人1枚おみくじを作り、クラスみんなで引いて楽しむという作文です。教室に新年らしい雰囲気が漂います。

すすめ方

① 子どもたち1人ひとりにワークシートを配る。

② 子どもたちは，ワークシートに印刷してある「友人」「クラス」「健康」「金運」「学問」「恋愛」，それぞれの項目に大吉，中吉，小吉，末吉，吉を書く。新年早々嫌な気分にならないように，凶はなし。

③ また，それぞれの項目ごとに「友人（小吉）：友達とちょっとしたケンカをしてしまうでしょう。友達と電話で話すと仲直りができます」のようなコメントを書く。悪い場合は，解決策を書くのがポイント。

④ ワークシートに印刷してある「（　）神社」の（　）には自分の名字を書く。

⑤ 書いたおみくじは4つに折って集める。そして1人1枚おみくじを引いて楽しむ。会話がはずむこと間違いなし。

※京都橘大学の池田修氏が開発された作文。　　　　　　（中村）

1月, 2月

3学期スタート②　年賀状抽選会

> 新年最初，担任の先生からお年玉がわりのプレゼントです。年賀状の下3桁が当選したらプレゼントがもらえます。

すすめ方

① 教師は「先生からお年玉プレゼントがあります」と言う。子どもたちは，「プレゼント」の言葉に目を輝かせる。

② 「ただし，全員にはないよ。年賀状の下3桁が今から発表する数字と同じだったらね」と説明を続ける。子どもたちも「おもしろそう！」とノッてくる。

③ 「ラッキーナンバーは，…728。このラッキーナンバーと同じ下3桁の年賀状を持ってきたら，プレゼントと交換してあげるからね」と言うと，子どもたちはラッキーナンバーを真剣にメモする。そして，大喜びで年賀状を探してくる。

④ プレゼントには，「宿題なし券」がおすすめ。

(中村)

1月, 2月

出張① 出張中は「教室の上」から見守る

> 出張の日,先生は「上から見守っているよ」と黒板に書き,顔を描いた風船を教室に浮かべます。すると,子どもたちは「先生が上にいるよ〜！」と朝から盛り上がります。

すすめ方

① 教師はインターネットでヘリウムガスと風船を購入する。

② 出張の日の朝。子どもたちが学校に来る前に,教師は「今日は,みんなを上から見守っているよ」とメッセージを教室の黒板に書く。

③ 教師はヘリウムガスで風船を膨らませる。そして,風船に目や口など簡単な顔を描き,教室に浮かべる。

④ 登校してきた子どもたちは,「先生が上にいるよ〜！」と1日中会話が盛り上がる。

⑤ ヘリウムガスの取り扱いに十分注意すること。(志満津)

1月, 2月

出張② 似顔絵メッセージ

> 教室に段ボールで作った先生の大きな似顔絵を用意します。先生が教室にいない時、飾り方を工夫すると教室に安心感や緊張感が生まれます。

すすめ方

① 教師は大きめの段ボールに模造紙を貼り、自分の似顔絵を描く。
② 似顔絵は普段は教室の後ろに飾り、ひっそりとクラスを見守る。
③ 行事の前や休み明けなど、教師が黒板にメッセージを書いた時には、似顔絵をメッセージの横に置く。子どもたちにとってメッセージがより身近に感じられる。
④ 教師が出張で子どもたちだけで自習をする時、黒板に「しっかりやれ！」という言葉を書き、一緒に似顔絵を置く。集中力がなくなりやすい教室に、緊張感が生まれる。

※静岡県の宮野孝行氏の実践を参考にした。　　　　　（松下）

1月, 2月

節分① 節分にはオニのお面で登場

節分の給食には豆が出ます。先生がオニになって,豆まきを楽しみましょう。

すすめ方

① 節分の給食時間。子どもたちが他の給食を食べ終わり,豆を食べる前に教師は教室の外に出る。
② 教師は隠れて素早くオニのお面をつける。
③ 教師は教室の戸を激しく開け,「ギャオー!」と叫んで教室に入る。
④ 子どもたちは,言われなくても,オニに豆を投げつける。
⑤ 教師は,「悪い子はいねえか!」と言いながら教室をウロウロする。「なんか,違う!」と子どもたちからつっこみと笑いが起きる。

(中村)

1月, 2月

節分②　豆つまみ大会

> 節分の日,「豆つまみ大会」をします。なかなか豆がつまめないので盛り上がります。

すすめ方

① 教師は, 皿(紙で作ったものでよい)を1人に2枚ずつ, 箸を1膳ずつ配る。1人に30個ほど豆を配る。

② 次のように説明する。「今から豆つまみ大会をします! 箸で豆をつまんでもう1つの皿に入れます。30秒間で何個の豆をつまむことができるか競争です!」子どもたちは俄然やる気になる。

③ 教師の「ヨーイ, ドン!」の合図でスタートする。多くの子は, 豆が箸からつるっとすべってなかなか豆をつまめない。「あーっ落ちたー!」「とれないー!」と絶叫する子がたくさん出る。

④ 「終了!」の合図の後, 豆を何個移動させたかを確認させる。1番多くつまんだ子がチャンピオンである。

⑤ その後, みんなで楽しく豆を食べる。この時も, 箸で豆をつまんで食べるようにするとさらに盛り上がる。(桑原)

1月, 2月

お楽しみ会 ハンカチ折り紙大会

> アイロンを使って,ハンカチを折り紙のように折るというだけのネタです。それなのに,子どもたちは大喜びで取り組みます。

すすめ方

① 教師は「今からハンカチで折り紙を折ってもらいます」と言う。子どもたちは興味津々だが,ハテナ顔。

② 「そのために素晴らしい道具を用意しました。♪パララパッパパ～♪ アイロン～」と教師はドラえもんが道具を出すようにアイロンとアイロン台を取り出す。そして,班に1台ずつ配る。

③ 教師は「アイロンを使うと,ハンカチが折り紙のように上手に折れるんだ」とドラえもんのように説明する。

④ 班で協力して,自分のハンカチで折り紙を作る。鶴,かぶと,ヤッコなど,予想以上にキレイにできることに子どもたちは大盛り上がり。

(中村)

6年生を送る会
学年納め
卒業式

3月

いよいよクラス作りの仕上げです。
終わりよければ，すべてよし。
最後まで楽しい取り組みで，
子どもたちに
「このクラスでよかった！」
と思わせましょう。

3月

6年生を送る会①

1年生と6年生を比べる

> 6年生を送る会で、1年生の代表者と6年生の代表者の大きさを比べます。身長や、持っているものの大きさの違いに、6年間の成長を感じさせることができます。

すすめ方

① 1年生と6年生の代表者にステージに上がってもらう。
② 身長や手の大きさを比べる。
③ うわばきや体操服など持っているものの大きさを比べる。
④ 1年生が6年生の体操服を着る。6年生が1年生の体操服を着ようとするとさらに盛り上がる。
⑤ 1年生で1番小さい子と、6年生で1番大きい子を比べると盛り上がるが、その子が小さいことや大きいことにコンプレックスを感じている場合はやめたほうがよい。

(飯村)

3月 6年生を送る会②

プロレス風に6年生入場

> 6年生を送る会。6年生は，プロレス風に入場します。主役の6年生はとてもかっこよく，盛り上がります！

すすめ方

① 6年生が入場する時に，5年生の代表が「それでは，本日のメインイベント，赤コーナーより，みんなが大好き！ 6年生が入場します！」とプロレスのリングアナウンサー風に入場のコールをする。

② プロレス（格闘技）等で使われるような音楽をバックに流す。やはりアントニオ猪木のテーマ「炎のファイター」がおすすめ（体育館の中は暗くして，スポットライトが使えたらなおよい）。

③ 在校生には「ロクネン！ ロクネン！……」とコールをかけさせる。6年生はとても嬉しいし，気合いが入る。

(桑原)

3月

6年生を送る会③

ロクネンコール

> 両手を挙げて「ロクネン（パンパンパン），ロクネン（パンパンパン）」とサッカーの応援のように，在校生がエールを送ります。

すすめ方

① 「今まで学校を引っ張ってくれた6年生にエールを送ります」と5年生の代表が言う。
② 「せーの」の合図で，1年生から5年生全員が「ロクネン（パンパンパン）」と手を叩きながら叫ぶ。
③ 次のようなバリエーションを入れてもよい。
　「ロークネーン（パパンパパンパン）」
　「あーりがとう（パパンパパンパン）」
④ 体育館で1年生から5年生まで全員が6年生にコールを送ると圧巻である。

（桑原）

3月

学年納め　学年納めは「学校の首(くび)」コールで

> 5年生の最後の学年集会では、「学校の首」コールで子どもたちの頑張りをたたえます。また、「学校の顔」コールで次に迎える最高学年としての自覚を持たせます。

すすめ方

① 5年生最後の学年集会で、教師は「顔の下にあるのは？」と聞く。いきなりなので子どもたちはバラバラに「首」と言う。教師が「バラバラじゃん」とつっこむと笑いが起こる。

② 教師は「学校を支えた君たちは、学校の〜？」「運動会を成功させた君たちは、学校の〜？」などと、子どもたちに聞く。すると子どもたちは、口をそろえて「首」と答える。

③ 子どもたちがテンポよく答えられるようになったら、教師はクーピーを取り出し、「これは〜？」と聞く。すると、子どもたちは「クーピー」と答え、笑顔になる。

④ 教師は「来年、君たちは学校の〜？」と聞く。そして、子どもたちに「顔」と答えることを伝える。数回「顔コール」をくり返すと、学校の顔である6年生としての自覚を持たせることができる。

(志満津)

3月

卒業式① 在校生，起立！

　卒業式の練習の時。『在校生，起立！』と言われて立ってしまう卒業生が必ずいます。これを教室に持ち込み，厳しい中にも，ちょっとした笑いを作ります。

すすめ方

① 卒業式の練習期間中，6年生の教室では，何かをする時にやたらと「卒業生，○○」という指示を出す。「卒業生，起立」「卒業生，礼」「卒業生，拍手」など。

② 厳しいことを言った後，勢いよく「在校生，起立！」と言うと必ず間違えて立つ子がいる。「○○君は，4月からもこの学校に残るそうです」などとつっこむ。厳しい中にちょっとした笑いが起こる。

③ 逆に5年生のクラスでは「卒業生，起立！」と言って笑いを生むこともできる。

（飯村）

3月

卒業式② ○○さんからの手紙

> 卒業前に、クラスの誰かへ手紙を書きます。誰に書かれたものかを当てるクイズを楽しみながら、クラスの友達へ感謝の気持ちを手紙で伝えることができます。

すすめ方

① 便せんを配り、宛名の「（　　）さんへ」の（　　）に自分の名前を書かせる。

② 便せんを回収する。そして、バラバラにして配る。誰のものが配られるかは分からない。

③ 配られた手紙の宛名に書かれている名前の人に、手紙を書く。書く内容は、今までの感謝の気持ち、その人のよいところ、特徴など。ユーモアを入れて書く。例「○○君へ　今までありがとう。1年間楽しかったよ。君は、おもしろい。でも、たまにすべっていますね。そこがまたいいです。中学でもすべってね。」

④ 書いた手紙を回収し、教師が読み上げる。子どもたちは、誰への手紙か分かったところで挙手をして答える。

⑤ 最後まで読み上げたら、その人に手紙を渡す。　　（飯村）

3月

卒業式③ 赤ちゃん当てクイズ大会

> 赤ちゃんの時の写真を見せ，それが誰かを当てるクイズです。班対抗で行います。卒業前に成長を実感させることができる良ネタです。

すすめ方

① 子どもたちは，自分が赤ちゃんの時の写真を持ってくる。

② 1班のメンバー5人が前に出る。教師はその5人の写真を集め，シャッフルする。

③ 1枚目の写真を実物投影機などで大きく映し，クラスみんなに見せる。1班以外の子は，1枚目の写真が1班の中の誰なのか予想して答えを紙に書く。

④ 2枚目の写真，3枚目の写真……と順番に見せる。1班以外の子は，それらの写真の答えを書く。

⑤ 全員の写真を見せ終わったところで，もう1度1枚ずつ写真を見せ，正解を発表していく。

⑥ 出題班を交代して，②〜⑤をくり返す。

(中村)

執筆者一覧 （所属は執筆時）

安東賢一	広島県・小学校
飯村友和	千葉県・八千代市立萱田南小学校
伊住継行	岡山県・倉敷市立倉敷東小学校
岡本友之	岡山県・小学校
桑原健介	福岡県・水巻町立猪熊小学校
志満津征子	鳥取県・境港市立余子小学校
中村健一	山口県・岩国市立平田小学校
西原健太郎	神奈川県・横浜市立小机小学校
藤原なつ美	岡山県・倉敷市立連島東小学校
松下　崇	神奈川県・横浜市立都田小学校
松森靖行	岡山県・倉敷市立乙島東小学校

編著者紹介

●中村健一

　1970年山口県生まれ。現在，山口県岩国市立平田小学校勤務。授業づくりネットワーク，お笑い教師同盟などに所属。
　おもな著書に『子どもも先生も思いっきり笑える73のネタ大放出！』，『42の出題パターンで楽しむ痛快社会科クイズ608』（共著），『42の出題パターンで楽しむ痛快理科クイズ660』（共著），『クイズの出し方大辞典付き笑って楽しむ体育クイズ417』（共著），『めっちゃ楽しく学べる算数のネタ73』（編著），『子どもも先生も思いっきり笑える爆笑授業の作り方72』（編著），『歴史壁面クイズで楽しく学ぼう①縄文時代～平安時代』（共著），『歴史壁面クイズで楽しく学ぼう②鎌倉時代～江戸時代』，『野中信行が答える若手教師のよくある悩み24』（編），『子どもの表現力を磨くおもしろ国語道場』（編著），『教室に笑顔があふれる中村健一の安心感のある学級づくり』，『子どもが大喜びで先生もうれしい！　学校のはじめとおわりのネタ108』（編著），『学級担任に絶対必要な「フォロー」の技術』（編著）（以上黎明書房），『子どもが納得する個別対応・フォローの技術』（共著，学事出版）がある。他にも執筆多数。
　出演DVDに「見て，すぐわかる授業導入のアイディア集―お笑い系導入パターン―」（ジャパンライム）がある。

＊イラスト：山口まく

思いっきり笑える　爆笑クラスの作り方12ヵ月

2010年2月10日　初版発行
2012年3月15日　4刷発行

編著者	中村　健一
発行者	武馬　久仁裕
印　刷	株式会社　太洋社
製　本	株式会社　太洋社

発　行　所　　　　　株式会社　黎　明　書　房

〒460-0002　名古屋市中区丸の内3-6-27　EBSビル
☎052-962-3045　FAX052-951-9065　振替・00880-1-59001
〒101-0051　東京連絡所・千代田区神田神保町1-32-2
南部ビル302号　☎03-3268-3470

落丁本・乱丁本はお取替します　　　　ISBN978-4-654-00316-7
©K. Nakamura 2010, Printed in Japan